BEI GRIN MACHT SICH IHR WISSEN BEZAHLT

- Wir veröffentlichen Ihre Hausarbeit,
  Bachelor- und Masterarbeit

- Ihr eigenes eBook und Buch -
  weltweit in allen wichtigen Shops

- Verdienen Sie an jedem Verkauf

Jetzt bei www.GRIN.com hochladen und kostenlos publizieren

Bibliografische Information der Deutschen Nationalbibliothek:

Die Deutsche Bibliothek verzeichnet diese Publikation in der Deutschen National-
bibliografie; detaillierte bibliografische Daten sind im Internet über http://dnb.d-
nb.de/ abrufbar.

Impressum:

Copyright © 2015 GRIN Verlag, Open Publishing GmbH
Druck und Bindung: Books on Demand GmbH, Norderstedt Germany
ISBN: 9783668209404

Dieses Buch bei GRIN:

http://www.grin.com/de/e-book/320980/verbesserung-der-usability-einer-software-
durch-eine-simulationsphase-vor

Mehmet Gencsoy

Verbesserung der Usability einer Software durch eine Simulationsphase vor der Markteinführung

GRIN Verlag

GRIN - Your knowledge has value

Der GRIN Verlag publiziert seit 1998 wissenschaftliche Arbeiten von Studenten, Hochschullehrern und anderen Akademikern als eBook und gedrucktes Buch. Die Verlagswebsite www.grin.com ist die ideale Plattform zur Veröffentlichung von Hausarbeiten, Abschlussarbeiten, wissenschaftlichen Aufsätzen, Dissertationen und Fachbüchern.

Besuchen Sie uns im Internet:

http://www.grin.com/

http://www.facebook.com/grincom

http://www.twitter.com/grin_com

Inhaltsverzeichnis

Abbildungsverzeichnis

1 Einleitung

Der Softwaremarkt ist weltweit stetig am Wachsen. Allein in Deutschland wurden 2014 mit Software insgesamt 19,1 Milliarden Euro Umsatz erzielt. Im Vergleich dazu betrug der Umsatz mit Software im Jahr 2007 etwa 14,3 Milliarden Euro. Dies bedeutet ein Umsatzwachstum von über 33% innerhalb der letzten 7 Jahre.[1] Vergleicht man dazu den weltweiten Umsatz, erkennt man das große Volumen dieses Marktes deutlicher. Der weltweite Umsatz mit Software lag im Jahr 2013 bei 407,3 Milliarden Euro.[2] Dieses enorme Potential bietet sich den Softwareunternehmen. Dabei muss ein Softwareunternehmen gezielt und strategisch vorgehen, um entscheidende Wettbewerbsvorteile erreichen zu können.

Usability spielt dabei eine wichtige Rolle. Die entwickelte Software muss ansprechend aufgebaut und vor allem ergonomisch gestaltet werden, so dass sich potentielle Kunden schnell zurechtfinden. Usability ist eines der wichtigsten Entscheidungskriterien der potentiellen Kunden. Dieses Assignment hat die Aufgabenstellung, anhand eines Szenarios die Thematik Usability im Rahmen der Wissenschaftstheorie und empirischen Forschung zu untersuchen. Das Szenario wird dabei folgendermaßen festgelegt:

Ein Softwareunternehmen steckt mitten in der Entwicklung einer neuen Software und möchte vor der Markteinführung eine Simulationsphase starten, um den Markterfolg des Produktes abschätzen zu können und gegebenenfalls noch Änderungen hinsichtlich der Usability vornehmen zu können. Es soll mit einigen Testanwendern ein Projekt gestartet werden, in welchem die Usability auf dem Prüfstand steht.

---

[1] Vgl. o.V.: Umsatz der führenden deutschen Unternehmen mit Software in Deutschland in den Jahren 2007 und 2009 (in Millionen Euro), in: http://de.statista.com/statistik/daten/studie/189894/umfrage/marktvolumen-im-bereich-software-in-deutschland-seit-2007/, Abrufdatum: 14.06.2015.

[2] Vgl. Beiersmann, Stefan: Gartner: Weltweiter Softwaremarkt wächst 2013 um 4,8 Prozent, in: http://www.zdnet.de/88189074/gartner-weltweiter-softwaremarkt-wuchs-2013-um-48-prozent/, Abrufdatum: 15.05.2015.

Ziel dieses Assignments ist es, im Rahmen dieses Szenarios Antworten auf die folgenden Fragen zu liefern:

- Wie sollte man dieses empirische Forschungsprojekt aufsetzen?
- Was versteht man in diesem Zusammenhang unter Forschungsdesign?
- Wie sollte die Forschung durchgeführt werden?

Dazu werden zunächst im nächsten Kapitel der Begriff Usability sowie das empirische Forschungsprojekt mit Forschungsdesign und Forschungsdurchführung definiert. Anschließend wird in dem darauf folgenden Kapitel die Vorgehensweise bei diesem Szenario erläutert. Zum Schluss findet im letzten Kapitel eine kritische Würdigung statt.

Dieses Assignment hat dabei keinen Anspruch auf Vollständigkeit. Mit dieser kurzen Arbeit können weder die Thematik der Usability noch die eines empirischen Forschungsprojekts detailliert und umfassend vorgestellt werden.

2 Definition

2.1 Usability

Das folgende Zitat von Jakob Nielsen, einer der führenden Persönlichkeiten im Bereich der Forschung von Usability, verdeutlicht die enorme Wichtigkeit dieses Begriffs in der Softwareentwicklung:

„Bad Usability equals no customers!" [3]

Den Begriff Usability kann man als Verwendbarkeit, Nutzbarkeit oder Brauchbarkeit, damit sehr vielfältig, ins Deutsche übersetzen. Die DIN EN ISO 9241 definiert Usability abstrakter:

„Usability ist das Ausmaß, in dem ein Produkt durch bestimmte Benutzer in einem bestimmten Nutzungskontext genutzt werden kann, um bestimmte Ziele effektiv, effizient und zufriedenstellend zu erreichen." [4]

Im Deutschen wird Usability im Rahmen der Softwareentwicklung häufig mit Benutzerfreundlichkeit übersetzt. Dabei wird eine Kundenorientierung assoziiert. Betrachtet man das Wort jedoch ursprünglich auf Englisch, kann man die Bedeutung besser erkennen. Denn Usability setzt sich im englischen Wortstamm aus zwei Wörtern zusammen:[5]

- to use: benutzen, verwenden, gebrauchen
- the ability: die Möglichkeit

---

[3] Nielsen, Jakob: Designing Web Usability: The Practice of Simplicity, 1. Auflage, Indianapolis 2000, S. 14.
[4] o.V.: Norm DIN EN ISO 9241: Ergonomie der Mensch-System-Interaktion, Teil 11: Anforderungen an die Gebrauchstauglichkeit - Leitsätze, 2005.
[5] Vgl. o.V.: Definition Usability, in: http://www.handbuch-usability.de/begriffsdefinition.html, Abrufdatum: 14.06.2015.

Aus dieser Betrachtung heraus erkennt man, dass man Usability mit „die Möglichkeit zu benutzen" übersetzen kann. In unserem Fall der Softwareentwicklung soll mit Usability die Möglichkeit der Bedienung und Gestaltung der Software und deren kompromisslose Ausrichtung auf die Kundenbedürfnisse verstanden werden. Verknüpft man dies mit der DIN EN ISO 9241 Definition und deren Forderung nach Effektivität und Effizienz, kann man erkennen, dass mit Usability bedeutende Ziele verfolgt werden. Eine gute Usability führt zu einer besseren Softwarequalität. Durch die Effektivität und Effizienz soll die Produktivität der Kunden gesteigert werden. Dies führt automatisch zu zufriedenen Kunden, womit man sich von Mitbewerbern abgrenzen und den Umsatz sowie Gewinn steigern kann. Die übersichtliche und einfache Softwarebedienung soll auch den Support und Schulungsaufwand minimieren. Dies führt ebenso zur Reduzierung der Entwicklungskosten und trägt damit auch zur Steigerung des Gewinns bei. Zusammengefasst kann man die Ziele von Usability folgendermaßen auflisten:[6]

- bessere Softwarequalität
- Steigerung der Produktivität der Kunden
- zufriedene Kunden
- Steigerung von Umsatz und Gewinn
- Reduzierung der Entwicklungskosten
- Reduzierung von Supportaufwand
- Reduzierung von Schulungsaufwand
- Abgrenzung von Mitbewerbern

---

[6] Vgl. Beier, Markus; von Gizycki, Vittoria: Usability: Nutzerfreundliches Web-Design, 1. Auflage, Berlin 2002, S. 2 ff.

2.2 Empirisches Forschungsprojekt

Ein empirisches Forschungsprojekt basiert darauf neue Erkenntnisse zu gewinnen. Dabei müssen Forscher gründlich vorgehen und sich umfassend mit
dem Untersuchungsgegenstand auseinandersetzen. Bei einem empirischen
Forschungsprojekt gibt es in der Regel keine Patentrezepte (Ausnahmen bilden hier lediglich regelmäßig durchgeführte standardisierte Markt- und Mei-
nungsforschungen). Deswegen muss man sich intensiv mit dem Forschungsdesign und dessen Durchführung beschäftigen.[7]

Dabei versteht man unter einem empirischen Forschungsprojekt das Erarbei-
ten und Auswerten von Aussagen über die Realität. Dazu werden Daten aus
Befragungen, Beobachtungen oder Messungen gesammelt und mit wissenschaftlichen Methoden bewertet.[8] Wörtlich kann man „empirisch" mit „Erfahrungen sammeln" übersetzen. Daraus kann man ableiten, dass bei einem
empirischen Forschungsprojekt Erfahrungen aus zum Beispiel Beobachtungen gesammelt und anschließend zu Erkenntnissen verarbeitet werden sollen.[9] Dazu werden meistens zuerst Hypothesen formuliert. Diese Hypothesen
werden wissenschaftlich untersucht. Sollte man sie widerlegen können, werden sie umformuliert und erneut untersucht. Kann man sie bestätigen, werden die Kriterien für die Prüfung weiter verschärft und wird die Untersuchung
erneut durchgeführt. Durch diese kritische Betrachtung erreicht man präzise-
re Erkenntnisse und steigert deren Qualität.[10]

---

[7] Vgl. Kromrey, Helmut: Empirische Sozialforschung: Modelle und Methoden der
standardisierten Datenerhebung und Datenauswertung, 12. Auflage, Stuttgart 2009, S. 67.
[8] Vgl. Ernst, Wiebke; Jetzkowitz, Jens; König, Matthias; Schneider, Jörg: Wissenschaftliches
Arbeiten für Soziologen, München 2002, S. 71.
[9] Vgl. Ebster, Claus; Stalzer, Lieselotte: Wissenschaftliches Arbeiten für Wirtschafts- und
Sozialwissenschaftler, 3., überarbeitete Auflage, Wien 2008, S. 138.
[10] Vgl. Kromrey, Helmut: Empirische Sozialforschung: Modelle und Methoden der
standardisierten Datenerhebung und Datenauswertung, 12. Auflage, Stuttgart 2009, S. 33.

2.3 Forschungsdesign

Die erste Phase des Forschungsprozesses ist die Forschungsplanung. Dabei wird das Forschungsdesign festgelegt. Das Forschungsdesign ist die Grundlage eines empirischen Forschungsprojektes. Dabei wird das Forschungsproblem untersucht und der Forschungsansatz bestimmt. Der Forschungsansatz ist entweder deskriptiv oder explanativ. Unter „deskriptiv" werden die Beschreibung einer These sowie deren Überprüfung verstanden. Beim explanativen Ansatz werden eine oder mehrere Hypothesen untersucht. Außerdem wird mit dem Forschungsdesign die Betrachtungsweise bestimmt. Dabei kann man zwei Betrachtungsweisen unterscheiden. Die Längsschnittuntersuchung ist ein dynamischer Ansatz, wobei die Betrachtung bzw. Untersuchung über einen längeren Zeitraum durchgeführt wird. Die Querschnittsuntersuchung ist ein statischer Ansatz. Dabei werden wiederholt vergleichende Untersuchungen bei ähnlichen, aber neuen Untersuchungsgegenständen durchgeführt.

Abschließend müssen auch die Informationsquellen sowie der Untersuchungstyp definiert werden. Als Untersuchungstyp kann man den quantitativen und qualitativen Ansatz auswählen, wobei auch beide Ansätze vertreten sein können und sich nicht gegenseitig ausschließen. In Abbildung 1 wird anhand eines quantitativen Forschungsansatzes ein linearer Forschungsprozess dargestellt. Dies soll die Verständlichkeit eines Forschungsprozesses fördern und ist nicht umfassend, da bei qualitativen Forschungsansätzen auch auf zirkuläre Modelle zurückgegriffen werden kann.

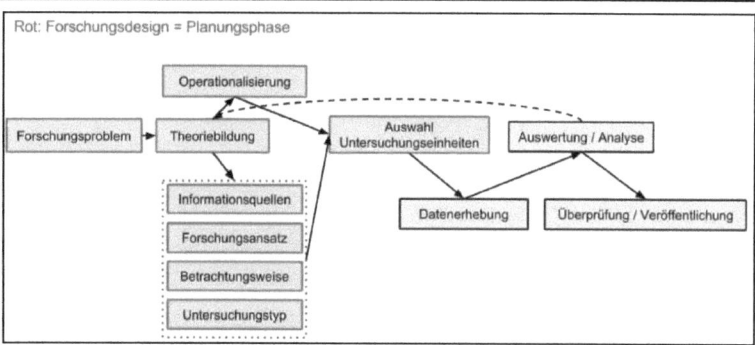

Abbildung 1: Linearer Forschungsprozess[11]

2.4 Forschungsdurchführung

Bei der anschließenden Forschungsdurchführung, der Datenerhebung, können drei Methoden eingesetzt werden: Beobachtung, Befragung und empirische Inhaltsanalyse.

Eine Beobachtung erfolgt in diesem Kontext immer strukturiert, dazu wird
während der Planungsphase festgelegt, welche Beobachtungsarten eingesetzt werden sollen. Dabei kann man eine Beobachtung in einem natürlichen
oder künstlichen Rahmen durchführen. Man kann sie systematisch oder un-
systematisch gestalten. Nimmt der Beobachter aktiv an der Beobachtung teil,
spricht man von einer teilnehmenden Beobachtung, ansonsten von einer
nichtteilnehmenden Beobachtung. Wird die Beobachtung nicht angekündigt,
findet eine verdeckte Beobachtung statt, ansonsten eine offene. Alle Beobachtungsarten lassen sich auch miteinander kombinieren. Dies lässt sich
in einer Tabelle übersichtlich darstellen, woraus man 16 unterschiedliche Beobachtungsarten erkennen kann (siehe dazu Abbildung 2).

---

[11] In Anlehnung an Flick, Uwe: Qualitative Sozialforschung: Eine Einführung, 6. Auflage,
Reinbek bei Hamburg 2007, S. 73.

		nichtteilnehmend		teilnehmend	
		verdeckt	offen	verdeckt	offen
natürliche Beobachtungssituation	systematisch	1	2	3	4
	unsystematisch	5	6	7	8
künstliche Beobachtungssituation	systematisch	9	10	11	12
	unsystematisch	13	14	15	16

Abbildung 2: Übersicht Beobachtungsarten[12]

Nach der Bestimmung der Beobachtungsart muss bei Beobachtungen der Fokus definiert werden. Dazu muss der Beobachtungsgegenstand exakt festgelegt werden, so dass Einflüsse aus für die Beobachtung irrelevanten Aspekten ausgeschlossen werden können. Dazu sollte man ein System von Kategorien bilden, womit dem Ablauf und Umfang einer Beobachtung ein Rahmen gegeben wird. Mit einem Kategoriensystem lässt sich damit auch die Beobachtung protokollieren. Deswegen ist ein Kategoriensystem der wichtigste Bestandteil einer wissenschaftlichen Beobachtung.[13]

Die Befragung lässt sich grundsätzlich in zwei Arten unterteilen, die mündliche (Interview) und die schriftliche (Fragebogen). Bei einem Interview wird versucht, durch ein planmäßiges Vorgehen mit wissenschaftlicher Zielsetzung Informationen zu gewinnen.[14] Ein Interview lässt sich dabei in drei Strukturierungsgrade einteilen: hoch, mittel und niedrig strukturiert.[15] Ein ausführlich ausgearbeiteter Fragenkatalog ist zum Beispiel hoch strukturiert. Ein Leitfadengespräch wäre mittel strukturiert und ein Experteninterview niedrig strukturiert. Hoch strukturierte Interviews haben den Vorteil, dass alle Befragten exakt die gleichen Fragen erhalten. Der Interviewer bleibt damit sehr

---

[12] in Anlehnung an Kromrey, Helmut: Empirische Sozialforschung: Modelle und Methoden der standardisierten Datenerhebung und Datenauswertung, 12. Auflage, Stuttgart 2009, S. 329.
[13] Vgl. Schnell, Rainer; Hill, Paul; Esser, Elke: Methoden der empirischen Sozialforschung, 9. Auflage, München 2011, S. 381 ff.
[14] Vgl. Scheuch, Erwin: Grundlegende Methoden und Techniken der empirischen Sozialforschung, München 1973, S. 71.
[15] Vgl. Kromrey, Helmut: Empirische Sozialforschung: Modelle und Methoden der standardisierten Datenerhebung und Datenauswertung, 12. Auflage, Stuttgart 2009, S. 378.

stark im Hintergrund und die Fehlerquellen werden vermindert. Beim Leitfadengespräch sind ebenfalls die Fragen vorgegeben, indes kann der Interviewer flexibler auf die Antworten reagieren und auch nachhaken. Damit
nimmt der Interviewer mehr Einfluss auf die Befragung, aber man hat deut-
lich mehr Möglichkeiten, Erkenntnisse zu gewinnen. Die niedrigste Strukturie-
rung weist ein Experteninterinterview auf, dabei ist der Interviewer sehr flexi-
bel und die Fragen sind nicht vorgegeben. Damit hat man die Möglichkeit, an
neue, dem Interviewer unbekannte, Informationen zu gelangen. Gleichzeitig
besteht die Gefahr, dass das Interview den gewünschten Rahmen verlässt.
Ebenso kann der Interviewer eventuell enormen unerwünschten Einfluss
nehmen. Der Fragebogen wird schriftlich oder online zur Verfügung gestellt.
Dabei sollte man darauf achten, dass die Fragen neutral und nachvollziehbar
sowie leicht verständlich formuliert werden. Die übersichtliche Darstellung ist
ebenfalls wichtig. Außerdem darf der Fragebogen nicht zu lange werden, so
dass der Befragte die Fragen mit einem vertretbaren Aufwand beantworten
kann. Damit der Befragte die Prozedur nicht zu früh abbricht, sollten die ers-
ten Fragen motivierend und einfach formuliert werden. Komplexere Fragen
können dann später aufgeführt werden. Mit einem Pretest kann man einen
Fragebogen vorab testen.[16]

Die empirische Inhaltsanalyse richtet sich auf verbale Aussagen. Dabei wird
versucht, anhand vorhandener Informationen oder Texte mehr über die Wirk-
lichkeit zu erfahren. Dazu werden systematisch Kategorien gebildet und
Textindikatoren erstellt. Die Literaturauswahl wird nach bestimmten Kriterien
festgelegt und auch entsprechend begründet. Die Erkenntnisse aus der empirischen Inhaltsanalyse müssen stets nachvollziehbar sein. Dazu bedarf es
der Selbstkontrolle der Forschenden, der Arbeitsteilung im Team und der
kontinuierlichen Weiterentwicklung der Forschung.[17]

---

[16] Vgl. ebenda, S. 381.
[17] Vgl. Kromrey, Helmut: Empirische Sozialforschung: Modelle und Methoden der
standardisierten Datenerhebung und Datenauswertung, 12. Auflage, Stuttgart 2009, S. 322
ff.

3 Szenario: Software-Test-Projekt

In diesem Kapitel wird der Ablauf der Untersuchung nach wissenschaftlichen Gesichtspunkten zusammengefasst. Schwerpunkt sind Forschungsdesign und Forschungsdurchführung.

Bei einem Software-Test-Projekt, bei dem die Usability im Mittelpunkt steht, sollte man mit einer strukturierten Beobachtung vorgehen. In diesem Fall bietet sich ein Benutzertest an. Ein Test mit realen Usern, wobei die Software zuerst getestet und danach mit einer Befragung die Ergebnisse ermittelt werden, ist die am meisten bevorzugte Methode bei Usability-Tests.[18] Diese Vorgehensweise ist auch in diesem Fall zu präferieren. In Bezug auf die Grundlagen in diesem Assignment wird also zuerst eine systematische, offene, nichtteilnehmende, künstliche Beobachtung mehrerer Tester durchgeführt, welche die Usability der Software testen. Allein aus der Beobachtung lassen sich die subjektiven Eindrücke der Tester indes nicht erkennen, deswegen müssen die Tester selbst zur Sprache kommen.[19]

Anschließend werden die Erfahrungen der Tester mit der Software anhand eines Interviews gesammelt. Dabei wird ein mittel strukturiertes Leitfadengespräch geführt. Dies gibt nämlich die entscheidende Flexibilität, so dass die Tester auch eigene Meinungen sowie Kritik äußern können, was bei einem Fragenkatalog nicht möglich wäre. Ein Experteninterview wäre im Gegensatz zu unstrukturiert, so dass das Zusammenfassen der Ergebnisse aller Tester nicht möglich wäre.

---

[18] Vgl. Nielsen, Jakob: Usability Engineering, 1. Auflage, San Diego 1993, S. 165.
[19] Vgl. Mayring, Philipp: Einführung in die qualitative Sozialforschung: Eine Anleitung zu qualitativem Denken, 5., überarbeitete Auflage, Weinheim 2002, S. 66.

Die Tester sollten im Idealfall die Software nicht kennen und auch nicht aus der Entwicklung stammen. Damit wird eine voreingenommene Einstellung ausgeschlossen. Die Anzahl der Tester und auch die Vorkenntnisse der Tester sollten im Idealfall stark variieren, also zum Beispiel unterteilt nach nicht technikaffinen Testern und technikaffinen Testern. Auch sollte die Anzahl der Tester ausreichend hoch gewählt werden, so dass einzelne Tester keinen großen Einfluss auf die Beobachtungsergebnisse ausüben können. Somit kann man auch die Bandbreite der späteren User besser abdecken.

Bevor die Tester die Software zu testen beginnen, muss ein strukturiertes Vorgehen definiert werden. Dazu muss die Software nach Usability-Aspekten analysiert werden und müssen den Testern bestimmte Aufgaben exakt formuliert werden. Wenn man zum Beispiel eine Software zur Verwaltung von Projekten anbietet, kann man unterschiedliche Aufgaben formulieren: Öffnen Sie das Projekt „Test" und drucken Sie einen Ablaufplan. Prüfen Sie den Ressourcenplan. Legen Sie einen neuen Mitarbeiter „Max Mustermann" an. Erstellen Sie ein neues Projekt „Test-Projekt".

Dies sind nur ein paar Beispiele. Wichtig ist, dass man den Testern einen definierten Rahmen vorgibt, so dass man später die Aussagen zu den einzelnen Aufgaben kategorisieren und den einzelnen Softwaremodulen zuordnen kann. Eine Aufzeichnung des Tests mit einer Messung der Dauer der jeweiligen Aufgaben kann hier noch weitere aufschlussreiche Informationen liefern.

4 Kritische Würdigung

Im Rahmen dieser Arbeit wurde die Frage, wie man dieses empirische Forschungsprojekt aufsetzen sollte und wie die Forschung durchgeführt werden sollte, in Kapitel 3 grob erläutert. Was man unter Forschungsdesign versteht, wurde bereits in Kapitel 2.3 dargestellt. Eine genauere und ausführlichere Erläuterung war im Rahmen eines fiktiven Szenarios nicht möglich. Trotzdem konnte eine Einführung in die wissenschaftliche Vorgehensweise bei empirischen Forschungsprojekten gegeben werden. Mit der kurzen Einführung in die Usability konnte auch der Zusammenhang mit der Wichtigkeit von Softwaretests erkannt werden. Damit wurden die in der Einleitung definierten Ziele der Abhandlung erreicht.

Literaturverzeichnis

Beiersmann, Stefan:

Gartner: Weltweiter Softwaremarkt wächst 2013 um 4,8 Prozent, in: http://www.zdnet.de/88189074/gartner-weltweiter-softwaremarkt-wuchs-2013-um-48-prozent/, Abrufdatum: 15.05.2015.

Beier, Markus; von Gizycki, Vittoria:

Usability: Nutzerfreundliches Web-Design, 1. Auflage, Berlin 2002.

Ebster, Claus; Stalzer, Lieselotte:

Wissenschaftliches Arbeiten für Wirtschafts- und Sozialwissenschaftler, 3., überarbeitete Auflage, Wien 2008.

Ernst, Wiebke; Jetzkowitz, Jens; König, Matthias; Schneider, Jörg:

Wissenschaftliches Arbeiten für Soziologen, München 2002.

Flick, Uwe:

Qualitative Sozialforschung: Eine Einführung, 6. Auflage, Reinbek bei Hamburg 2007.

Kromrey, Helmut:

Empirische Sozialforschung: Modelle und Methoden der standardisierten Datenerhebung und Datenauswertung, 12. Auflage, Stuttgart 2009.

Mayring, Philipp:

Einführung in die qualitative Sozialforschung: Eine Anleitung zu qualitativem Denken, 5., überarbeitete Auflage, Weinheim 2002.

Nielsen, Jakob:

Designing Web Usability: The Practice of Simplicity, 1. Auflage, Indianapolis 2000.

Nielsen, Jakob:

Usability Engineering, 1. Auflage, San Diego 1993.

o.V.:

Norm DIN EN ISO 9241: Ergonomie der Mensch-System-Interaktion, Teil 11: Anforderungen an die Gebrauchstauglichkeit - Leitsätze, 2005.

o.V.:

Definition Usability, in: http://www.handbuch-usability.de/begriffsdefinition.html, Abrufdatum: 14.06.2015.

o.V.:

Umsatz der führenden deutschen Unternehmen mit Software in Deutschland in den Jahren 2007 und 2009 (in Millionen Euro), in: http://de.statista.com/statistik/daten/studie/189894/umfrage/marktvolumen-im-bereich-software-in-deutschland-seit-2007/, Abrufdatum: 14.06.2015.

Scheuch, Erwin:

Grundlegende Methoden und Techniken der empirischen Sozialforschung, München 1973.

Schnell, Rainer; Hill, Paul; Esser, Elke:

Methoden der empirischen Sozialforschung, 9. Auflage, München 2011.